Maria Gabriella Conti

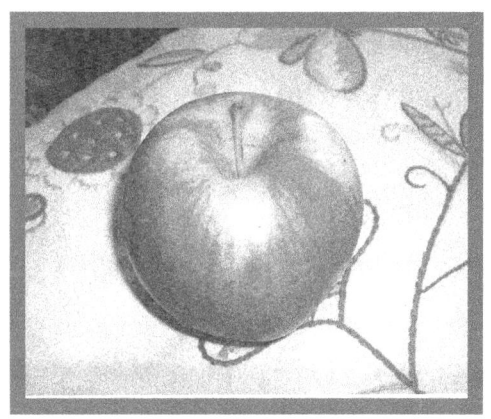

24.000 mele...

Citazioni, Pensieri e Poesie

Prefazione

Ho voluto raccogliere alcuni dei miei pensieri più significativi e spontanei.

Sono pensieri sparsi inediti o pubblicati nel corso di questi anni nelle varie mie edizioni.

Ad alcuni di questi sono particolarmente affezionata perché sono scaturiti in momenti di ponderata riflessione ed ispirazione.

Ho voluto farne una raccolta per evitare di disperderli e anche per poterli rileggere nei momenti nei quali ritrovarmi.

Credetemi, con i mezzi tecnologici di oggi poco importa se usarli o meno, sia fondamentale e credo sia bello tentare di scrivere pensando in modo creativo, quindi tutti sono capaci di inventarsi delle frasi nuove.

E' importante chiarire che non sono state copiate, perché la bellezza dello scrivere è poter dire le stesse cose ma in modo diverso e personale.

Vi faccio un esempio:

"Sfogliai al buio le pagine del tempo..." Questa è una mia frase che ho sfornato in maniera spontanea e diretta allorquando volevo parlare in una mia poesia della – noia –

Come potete capire la tecnologia non centra niente con il voler e con il saper scrivere. Aiuta a fermare sulla carta o nei files ciò che pensiamo ma spesso m'è capitato di avere più sicurezza del dato scrivendolo a mano su un foglio di carta. Tutto dipende dalla capacità di memorizzare e di fruire di questi dati nel minor tempo possibile.

Dopo decenni di computer mi sto sforzando a volte di scrivere a mano, Ma questa è una personale scelta mentre al web devo molto in fatto di auto pubblicazione. Credetemi ho risparmiato tanti soldi che comunque non avendoli non avrei potuto fare altrimenti, così molti miei libri di poesie sono fortunatamente stati stampati via web con il selfpublishing risparmiando tempo e denaro. Di questi tempi non è male.

In tutta sincerità, sono stata costretta a pubblicare pur non sentendone una necessità impellente ma il chiamarmi Conti , sapendo che in Italia siamo più di ventimila con questo cognome, mi ha quasi obbligata a pubblicare per non correre il rischio quasi certo che altri sigg. Conti usassero i miei brani al posto mio senza averne alcun diritto. Il diritto rimane una delle mie materie preferite.

Del resto rimango una specie di seria giocherellona e mi piace, in pieno papato francescano, non rubare niente a nessuno e non mettere nelle condizioni gli altri di poterlo fare perché come dice il detto "l'occasione fa l'uomo ladro", essendo i proverbi l'anima del progresso, delle tradizioni, della saggezza dei popoli, si evita di fornire l'occasione per puro senso di affetto verso il prossimo. E' anche questo una specie di altruismo spicciolo che non porta al male. Infatti se puoi "il male evitalo".

Buon proseguimento nella lettura e se vi capitasse per caso di trovare qualche altra mia citazione sparsa qui e là, vi sarei grata di farmelo presente per poter inserire ciò che sicuramente avrò dimenticato, perché una buona dose di distrazione allena il cervello a riposarsi per poter poi reinventarsi di nuovo.

Vi saluto caramente e ricordatemi gratis.

Aprile 2013

Maria Gabriella Conti

Una mela antica - Fotoriproduzione
digitale di M.G.Conti

"*La poesia vera illumina il cuore*"

(frase a me dedicata dal Card.Carlo
Maria Martini)

Solo Lui è abile a regalarci storie infinite

La vita è come un gran frutteto, sta a noi saper cogliere la frutta migliore per ognuno di noi

Con le – pause – si rifocilla la mente
.Punto.Pausa – è il nome di una mia rubrica inserita nel mensile
   culturale "RMBorbona" dove firmavo col nome di Schiamazzina

...Il nuovo quando arriva ci sorprende

No, non mi arrendo, no
Perché dovrei
Se tu ci sei

Leggo la sincerità
nei tuoi occhi
e mi nutro di essa
per capirti

Nel tempo l'affetto diventa Amore
Nel tempo l'Amore diventa affetto
In un attimo l'Amore e l'affetto
diventano odio…

Mi colse nell'ombra il tradir

Tra noi, il padrone delle cose
è il silenzio e quando parlo
avverto la sua assenza...

Mia madre mi manca
e se la penso, spesso
temo di non averla incontrata
ma solo sognata...

Nei sogni tutto vive e rivive
insieme a qualcuno e
al risveglio incontri
la solitudine del distacco

Forse è nel mondo dei sogni
che esiste parte del Paradiso
perché ad occhi aperti
il mondo non mi piace poi tanto….

M'attardai a pensare nel buio

Siamo gente nuova quando
qualcuno ci guarda con Amore

Se pensi di aver perso il treno della
felicità
significa che dai poco valore
alla vita e al futuro

La calma appartiene a chi ha dato
al tempo un valore estraneo da sé

All'infuori del fuoco
a bruciarti
è soltanto l'indifferenza

Il silenzio affettivo
è una lontananza senza respiro

Il bello delle cose è poterle leggere e
sentirle leggere

Il mare ha il colore dei ricordi e la terra
il profumo dei sentimenti

Tutto rimbalza, niente è ovattato, tutto
ha un peso.

Al malato dona prima la gioia e poi la
cura

Se nel tuo cuore straripa l'Amore
allarga le tue conoscenze
per donarne un po' a chi non lo
conosce....

Se la tua vita somiglia ad un cestino
che contiene 24.000 mele
non ti mancherà il coraggio
di fare a meno di qualcosa per donarlo
ad altri

I contrasti sono l'anima di un mondo
che continua a vivere

La noia è come sfogliare al buio le
pagine del tempo

Se mi ami il verbo diventa transitivo
e amplierà il mistero del respiro

La Musica è un'impetuosa Dea
che stupisce e ti accoglie

Se a turbarti è il silenzio
è il troppo rumore
a rovinarti la mente

Leggi tu, per me, le tracce del
pensiero…quel che io scrissi
in momenti da riempire…

Fai in modo che la distrazione
non sia una nemica

Non permettere che
sia l'incomprensione
a galleggiare
nel lago della tua mente

Tu guarda oltre il sentiero e
arriverà l'alba di un dolce pensiero

Nessuno sa quale sia la nostra età
se non si sono letti
i medesimi libri

Basta veramente poco
per rallegrare il cuore
ma molto meno
per farlo a pezzi

La poesia è leggiadra o malinconica
atmosfera di un sogno

Potrai aver scritto interi tomi
ma se non hai dedicato
neanche un pensiero
a Maria
un frammento di vuoto
abiterà il tuo cuore

Ad ogni pagina scritta, penso:
"ho scritto di mio e non sono più io"

Una vita senza pause
è un percorso
troppo tortuoso per sopravvivere

Poesia, sei tu il profilo dei miei
sentimenti
nascendo vinci in trasparenza ogni
inquieto ardore
e divieni luce

Chi ci ama o ci ha amato
ha per noi in serbo
 un sacchetto di ricordi belli

L'Amore non si chiede, l'Amore si
concede

Le lacrime hanno il colore del cielo che
albeggia
La forma delle stelle illuminanti
Il calore del cuore che ama
Il sapore del sale della terra e del
mare...

Noi donne inginocchiate
possediamo l'ombra breve dell'incanto

Da quando scrivo vivo meglio

Tra le insalate preferisco la...lollo

Scrivo, faccio libri per farne dono,
per non essere soltanto un codice fiscale

Il mondo mi toglie la tenerezza
ed io la cerco, cerco da Te

Qualcuno mi priva della dolcezza
ed io la voglio, voglio da Te

Sognare l'impossibile
Fare propri i pensieri migliori
Interiorizzare le emozioni più intense
E per non dimenticare: Scrivere
...amando

La sensibilità...quel modo di vivere e
considerare gli eventi della vita
con un pizzico di curiosità in più...

L'Alta Moda è
Sofisticata poesia
un modo muto
che dà luce al corpo
e voce agli abiti

Senza scoprire del tutto
tralascia i convenevoli
e si presenta apparendo
sostanzialmente

Convince in modo "maniacale"
che la trasgressione
nell'immagine
sia cosa del tutto normale

Alta Moda sotto le stelle
così virtuale
sì da sembrare
sofisticata poesia

Alta Moda del tutto esemplare
sprazzi di luminosità
d solenne personalità
misti a frammenti di sogno

Alta Moda come fuochi d'artificio nei
colori
su preziosi gioielli di carne

Se non facessi finta di essere una
scrittrice
non saprei cosa scrivere

Senza curiosità non ci sarebbe niente
d'interessante da scrivere

Il mondo sembra essersi spinto oltre il
limite del rispetto
delle leggi che regolano la vita e la
natura.

C'è da chiedersi a questo punto se la
libertà assoluta sia un limite

Il pensiero del poeta è turbato e rivolge
il cuore verso
l'essenza più pura della storia umana

Chi sta dalla parte del lettore scrive
meglio

Il dialogo continua ma è necessario
rivolgersi agli Angeli
per capire cosa ci stia accadendo.

Il vocabolario dice sempre la verità

Non collezionare notti senza stelle

Illumina il tuo sguardo e unisciti a noi
nella ricerca di comprendere, amando

Voglio trovare ciò che trasformi le
 sabbie immobili in liquidi d'oro

Qualunque sia il suo costo
il libro è sempre un dono

Amare la vita significa poter
trasmettere questo sentimento

Far scomparire l'orrore dell'indifferenza
è lo scopo della Poesia

Vivere deve significare difendere e
sostenere il diritto alla Gioia

Fingere non significa non soffrire

Parafulmine naturale

...E sfido il mondo coi pensieri
scrutando con tatto l'orizzonte...
Un focus diretto sulle parole
mille zoom al secondo per contemplare
e mille emozioni per ricordare

,,,(,,,),,,

Emigrantes:
E come simbolo nascente dell'Europa
M come mondo che si fa madre
I come Italia un nome da battezzare
G come gente gloriosa
R come ricordi di ricchezza e ricerca
A come Amore
N come nuova sorte e nostalgia
T come terzo millennio di tanti cuori e
tante braccia al lavoro
E come Etica dell'Accoglienza
S come Solidarietà

Se senti ancora profumo di aranci e di
pane puoi continuare a credere che
qualcosa di buono esista ancora

Quando hai fame pensa che sei in buona
compagnia

Il perdono è il vero tesoro del mondo
e lo trovi nel pozzo dell'Amore

La fedeltà è un premio non un dovere

Dire quel che si pensa è una richiesta di
ossigeno che non inquina

La lacrima è una coperta trasparente
che scivola lentamente
un fiume veemente che scorre o arriva
in silenzio o rumorosamente

Il poeta è come un minatore che estrae
il magnetismo dalle parole

Cercavo un abbandono profondo
un lentissimo scivolare via dal solito
comune mondo
mi occorreva un incontro vivace
ed ora è finalmente Primavera...

Un ricordo tenero nei tempi duri fa bene
al cuore

A volte capita che su un rimprovero
si costruisca un intero mondo di parole

In qualche luogo del mondo
esistono donne
libere per intero
ma solo col pensiero
zingare mentali
vestite di stracci
ma piene di ideali

Ci sono luoghi dove il tempo
non domina più la luce dell'intendimento

La luna sa spegnere anche l'ultimo
barlume di
frammento di idea se non si difende un
modo giusto di vivere

L'uomo che ama è pieno di vitale
energia e non muore mai...

Trasformare la noia in un pozzo dei misteri
in un calice liquoroso da sorseggiare

Sarai il vento dei sorrisi e delle lacrime
sfogliando al buio le pagine del tempo

Un vino se buono non tradisce mai
L'uomo e poco importa se lo ami
lui può tradirti ognora

E' violenza quando il silenzio della crudeltà
perfora i timpani della storia, allora
nascono come zampilli le parole per
ricordare

Ricordare è il rispettoso compito
di rifocillare l'ardore
che si fa missione

Se tutti amano le differenze sono
necessità trasparenti

Le radici sono possenti se poggiano su
storie diverse

Tra le onde del mare rileggi all'infinito le
partenze e i ritorni del mondo

Non c'è partenza senza un ritorno
dove vorresti unire le ore
le tue con le sue
nell'infinito spazio

Il pane, puro cibo che "destreggia"
virando allo zucchero

Se non si è mai stati soli mai si amerà
qualcuno

Solitudine mia se non ancora non sei
arrivata
io soffrirò per questo e verrò a cercarti
uscendo di casa in mezzo alla folla
lì, ti troverò

Peace is a Palm for everyone

L'Amore arriva e si consuma
lasciando di sé
quel tanto che richiede l'anima

L'Amore è un puro e solitario progetto
incandescente

Lo stile è come un'ombra che ti coccola

Spiegare non è mai rimproverare

La scrittura intesa come scintille di zelo
sulla testa dei pastori

E' saggio riconoscere i propri errori,
perché l'umiltà è sorella della verità

Scrivendo mi rendo conto che nella vita
la migliore conquista su tutto è la Verità

La verità è meno pesante della
menzogna e per la sua leggerezza
ritorna sempre a galla

Per capire i giovani occorre cliccare su sistema e non su modifica accogliendo le loro richieste e parlandone

Cucinare per gli altri è come avere una marcia in più, ci si allena a coniugare il verbo – dedicarsi a…

Si parla di stress da tecnologia! Ma, non fatemi ridere, il nostro corpo obbedisce a ciò che noi stessi gli ordiniamo di fare e quindi...Non saremo mica diventati tutti imbecilli? E pensare che io il computer lo adopero per riposarmi

Dalle carezze delle mani
nasce poesia:
la vera passione
dell'anima
che percorre
dieci diverse strade.

Forse, non occorre parlare
ma soltanto cantare
o emettere suoni lievi
per vivere liberi ed essere compresi...

e allora, pensai: la vita è pur sempre
una canzone.

Siamo dei laboratori viventi ma anche i
nostri defunti ci inviano messaggi o
esperienze se pensiamo a loro e
preghiamo per loro

Mantenere intatta la forza per
continuare a cercare se anche il silenzio
possa parlare

Quando si scrive, ciò che nasce sulla
pagina era già nato da molto tempo
prima, forse era archiviato ma ogni
tanto ci inviava messaggi silenti o meno

Dipingo spesso volti di donne creandomi
una speciale galleria personale perche
capita che rivolgendomi a queste
immagini costoro non mi contraddicono

Scrivere è come voler creare qualcosa di diverso a tutti i costi

Si può pregare anche rimanendo a contemplare l'Unico che ci ama, nel silenzio e nel buio, nel frastuono e nella luce della vita

Nel silenzio odo
 il balenio dell'Universo

Banale diventa il battito
quando non è dedicato…

Se avessi dei tasti
su cui soppesare

le tonalità delle emozioni
scriverei rare armonie

L'elenco delle cose belle
è infinito come l'Amore divino

Mi giungono inviti per parlare
di quello che penso
o pensiamo
ma è nel silenzio che adoro
spingere lo sguardo
per credere di esistere

La calma avvince e sovrasta
ogni tempesta

Tutti i cuori dei bambini
vivono nell'attesa di
nutrirsi di Amore

Se sbagli, accetti di dover vivere
senza incanto

Ascoltare una Musica
è come camminare
a piedi nudi
tra l'erba fresca di un prato

M'arrivano come gocce di pioggia
dal cielo frasi, pensieri, parole a
bagnare i sentimenti
Non sono certa che siano proprio miei

ma che nascano da un angolo segreto
del cuore mio e per coloro che ho amato

E' così che alla fine mi rileggo
solo per riconoscermi
Mentre penso che io sia un'altra
Ma continuo a scrivere...

I libri poco conosciuti sono come "i figli
dell'oscurità e del silenzio"

Non c'è niente di più concreto del
considerare "l'astrattezza" del
dettaglio...

A denti stretti addentò il dentista
(concorso online racconto in 6 parole)

La nobiltà è nel tono della voce

Quando inizi a leggere un libro pensa:
"questa è una sorgente,ci
immergiamo..."

Nel mondo dei mistici parla il silenzio

Copiaedincolla ma con me non attacca...

Con il saccente tenetevi il cerume

Il poeta sa che non sempre per
mangiare occorre scrivere...

La vita si illumina se sai dipingerla

Lo spazio: la vita nelle parole

Ai nostri tempi: chiedi ma capita che non ti sia risposto

Ti accantonano coloro che ti temono

Leggere cose leggere alleggerisce il braccio

A Marsala soffiano venti spiritosi

Troppo spazio vuoto: soffrirò di
agorafobia!

Una volta da bambina, dividevo gli
uomini in quelli che fumano e in quelli
che intelligentemente non lo fanno.
Oggi, posso pensare che a farla da
padrone è l'esperienza e la Fede nella
bontà del Padre. Quindi poter discernere
è fondamentale e questo ci giunge
soltanto seguendo le leggi di chi ci ha
creato. E' per questo che chi riesce a
farsi capire anche trattando cose molto
difficili è una persona illuminata come
ho scritto nel mio sito di poesie, e per
me costoro sono come i profeti delle
verità comprensibili

E' sempre più diffuso il pensiero che siano gli uomini politici a mettere alla prova il popolo che li ha eletti quando invece è esattamente il contrario. E' il popolo con la sua memoria storica a incentivare il potere politico. Maggiormente urgono necessità sociali e ancor più gli eletti devono concepire misure di sostegno reali ed efficaci. Se la gente non soffrisse di bisogni non andrebbe a cercare chi ha eletto.Quindi fortunati quei politici che sono stati ignorati dalle persone e carente quel popolo che ha dovuto mettere alla prova chi ha eletto.Benedetto il giorno che a pregare si stia o in Chiesa o solo con se stessi

- Si evitino le vessazioni, le donne come gli uomini devono andare in pensione quando il loro contributo lavorativo non sia più sostenibile fisicamente e di nessuna utilità alla società, quindi in piena libertà di scelta

-

> Per esempio, nel periodo in cui si hanno bambini piccoli e nessun tipo di aiuto familiare si dovrebbe poter scegliere di fare il genitore se lo si ritenesse di maggior utilità sociale piuttosto che svolgere mansioni che deprimono la propria autostima. Introdurre poi leggi che permettano un rientro al lavoro una volta smammati i figli o curati gli anziani. Verso i minori e i deboli ci vorrebbe un maggior occhio di riguardo e di attenzione, solo così, la società migliorerebbe in toto

Scrivere è un modo ideale per contrastare un inopportuno uso del tempo

Scrivere è una scelta per vincere la pigrizia verso azioni fisicamente più impegnative

La mente è una palestra della memoria dove si accede sempre con passione e libertà

Spesso si scambia l'estro per spirito di patata

Verrò a trovarti quando c'è il sole non solo in cielo
ma anche nel mio cuore

Mi hanno sequestrato le mani,
tu eri presente ma non parlavi
osservavi e sorridevi

Eri tu che guidavi quel candido agire
quel caldo contatto col profumo di
aprile...

Quando ti senti solo e ti sta bene
è sempre sabato per te...

Non ho ricordi che mi fanno compagnia
ma solo rari pensieri che stingono via
via...

Mia Patria

Ti penso sempre
quando guardo il sole...
e ti tengo stretta
sul mio cuore,
al calar della sera.
Mia Patria bella
Signora dell'Onore
che generi Amore
...(...)...

A mia madre

Anche se ci incontrassimo

ogni giorno

Non basterebbe

...Tu mi mancherai..
...(...)...

Se stai leggendo qualcosa che ti interessa, non ti preoccupare e se puoi tralascia altri impegni, in quel momento il tuo essere ha bisogno di quel qualcosa…

Il posto del miele

...(...)...

E così come un'ape
mi aggiro in cerca
di vasi di miele.
Voglio trovare ciò che trasformi
le sabbie immobili in liquidi d'oro.

Amore del mattino

Qualcuno mi sussurrò
in un'alba di
primavera
nei pressi dell'albero
del pane...
di voler dedicare
gli occhi dei suoi
pensieri
....a me.
E nell'ansia del nuovo
giorno m'accorsi
dopo che non era
 un   uomo
ma il canto di un
usignolo....
E mi svegliai.......
Ancor cullata dal quel
suono.

Le madri di Olimpia

...non so dare un'età
agli uomini...
Loro ci sono sempre
stati.
Noi arrivammo dopo
e siamo sempre in
ritardo
per capire...
Ma il divario
mira ad accorciarsi
in luogo della vita
che si allunga...
Noi, donne
inginocchiate,
possediamo
l'ombra breve
dell'incanto.

Il Figlio della Luce

Come sarei agli occhi Tuoi
se accanto a Te, io, all'improvviso
m'addormentassi.
Tenendo stretta la Tua mano
in un lettino m'adagerei
con Te, il più tenero,
per un incontro senza fine
...(...)...

Io, sì, che resterei,
per un amore tutto dentro
senza bisogno né di toccare,
né di lasciare, né di spogliare
ma di sentire l'ardore nuovo invadere
il pensiero che brucia dentro,
che riscalda e scioglie il sangue e
mette in fuga ogni tormento,
...(...)...

La noia di Maryville

...Sfogliai al buio le pagine del tempo
e ti scelsi, tu, denigrata e infelicissima
noia….

T'indossai
        E facesti nascere in me
Un tripudio dell'anima
        Un sussulto primordiale
Un pozzo dei misteri
        Un calice liquoroso da
        sorseggiare
        E fosti il vento dei sorrisi e
        delle lacrime
        La tua presenza mi divenne
        compagnia
        ma tu che non mi conosci
        tu, della noia che ne sai?

- *Come trasformare i momenti che ci
sembrano inutili in occasioni vitali anche
se al profumo di mistero aprono nuove
vie nella mente…..e conducono al
pensiero razionale e proficuo.*

Il fascino della cioccolata

La più compiuta parità tra i
sessi e dei sensi:

il cioccolato che si fa cioccolata

Ti osservo

Incantata e incartata

Liquida tu sei

Corposa

Consolante

Amica di prima mattina

Compagnia discreta serale

M'inebrio in tua compagnia

...(...)...

Maria con empatia
parole e musica di M.G.Conti

Maria...Nei tuoi occhi vedo il mare
e mi sembra di sognare
Maria...Col saluto della luna
Sei arrivata una mattina
Maria
Nel giardino della vita
E' spuntato un nuovo fiore
Maria...Tutto il buio è cancellato
Maria...Impareggiabile visione
Incredibile presenza
Maria...Dolce guida di ogni uomo
Maria
Un sorriso delicato
Maria
Dolce rosa del creato
Maria
Neve candida di agosto
Maria...Maria...Maria

3 agosto 2003

Tra sole e luna

Per non averne più alcun timore....

È nel buio che ti vorrei incontrare,
Messer Amore

Cerca invano il mio orecchio di captare

tra i vari brusii delle leggende del bosco

quell'armonia che non sarà mai mia.
...(...)...

Fare libri è un bel mestiere che crea una speciale dipendenza e illumina l'esistenza.

Conservare la calma e la memoria è un'ambita professione

Mi affascinano le persone ironiche,gli Inni Sacri, la Ricerca e il profumo dei mughetti e delle rose

E' fondamentale nutrire una grande Fede nella buona volontà della gente

Cucinare fa diventare artisti

Libertà non è come l'Amore, chi è troppo libero è solo

I colori della vita

Non racconterò mai
quali siano
ai miei occhi
i colori del mondo.

    (le ametiste, i bagliori della poesia, il
    chiarore delle lacrime dei santi e dei
               bambini)

Ciò che ritengo rosa
spesso a volte
cambia in rosso o nero...

Il celeste neonato
assume in un lampo
colori profondamente oscuri...

Le – quote rosa – non sussistono
quando le dissonanze procurano
contrasti inauditi.

Il verde dei prati senza il biancore
luccicante dell'acqua
non aiuta la vita dei diseredati del
mondo.

Il pane nero, una volta mal pagato e
cibo dei poveri,
oggi è pane integratore ricercato, utile e
costoso.

Il bianco delle anime non lo vediamo
se non siamo in sintonia con gli altri
e se non abbiamo rispetto
della tavolozza della coscienza umana.

I colori della vita, in concreto,
sono opinabili,
creano giudizi mutevoli
e tutto nasce da quel modo di istruire
contrasti
e su tesi che difendono il privato che
non deve avere

colore per gli altri ma, prima di tutto per ognuno di noi.

Si parte in silenzio, nell'attesa che i toni coloriti dell'esistenza
raggiungano i predestinati obiettivi
che la mente spirituale richiede e sollecita.

Ben venga un mondo intriso di colori più appaganti
per illuminare quella luce di fondo
che tutti dovrebbero vedere...

La morte di un uomo deve essere interpretata come un messaggio da cogliere e la triste sconfitta della scomparsa di un malato fa redigere nuovi trattati di scienza medica applicata (La Ricerca e il suo valore)

I vari abiti del Dna
Sono convinta ma solo per fiducia, che il
Dna umano abbia un vestito per ogni
circostanza.

La Natura non getta via niente

Una magica équipe di geni e genietti con
una regia molto speciale che raccoglie
ogni minimo tegumento e filamento

onde supportare ogni umano cedimento
memorizzando e catalogando il seppur
microscopico rinvigorimento

Lo sforzo di superare una corsa ad
ostacoli guardando sempre dall'alto.

La pazienza condivisa di sopportare il
peso della vita,
di cancellare il senso di vuote
sensazioni,
hanno modificato l'intero archivio

mentale
distratto il nero e il grigio e
 tutto sembra color del sole o della luna.
Per questo occorre perseverare
 per ridare tempo al tempo
nella lunga, interminabile attesa
di ciò che nutre i sogni:
sano unguento delle ore.

Se il tempo passa inosservato,
 a metà del cammino
o alla fine della storia,
lunga che sia stata, avrai dimenticato
 chi *eri* e chi *era*
 e rimane tra le mani e sulla porta di
casa
a bussare al tuo cuore,
quell'*eravamo* …
Affacciato alla finestra,
lo sguardo spinto all'orizzonte

in buona e consolidata compagnia
continuerai la strada
come fosse sempre la prima volta
capendo bene che mezzo secolo
non è che un soffio di vento
che non conosce nostalgia
nella strana esperienza della vita

Spesso la punteggiatura sbagliata rovina
anche lo scritto più bello

Non amo la punteggiatura perché io
scrivo come respiro

I tempi morti delle emozioni

Mi sono chiesta

Ogni giorno da quella sera di aprile

Cosa ci sia tra due persone vive

Che non si conoscono

Da rendere vivo e dar far fruttare.

In effetti, non è la vicinanza tra umani

A far nascere effetti emozionali

Non è neppure la condivisione attiva

E neppure lo scambio di personali opinioni

Ma a rendere reciprocamente consapevoli le persone, sono proprio i tempi morti delle emozioni.

Io ti penso, tu non mi pensi

Ma io costruisco un castello di idee dal fatto che vederti

Ti rendi inconsapevolmente presente ai miei occhi.

E qui, tra noi, ancora sconosciuti si erge
un tacito progetto

Vedrà luce o meno, ma da esso
comunque, nascerà quel ritmo vitale

Che fa muovere il mondo: la conoscenza
dell'Altro.

Così, in silenzio, qualcuno si rinvigorisce
e qualcuno ancora ricerca

Ma la curiosità dell'uomo che ha visto la
luce arriverà prima o poi

A colmare quella richiesta ancora tacita
di un reciproco scambio

Attraverso sconosciute vie, con parole
inimmaginabili e con

Risultati che nessuno ancora conosce e
che solo la vita svelerà,

 dopo i tanti tempi morti delle emozioni.

Dall'essere criticati nascono nuove
emozioni e ulteriori stimoli

Lettera di Natale

Eri più vicino a me
quando ancora non c'eri...
Attendevo in quel Natale
dall'alto della cittadella d'ospedale
di veder brillare la mia stella
nel cielo della città
Lunga attesa di un laborioso percorso
iniziato in prima-vera o anche prima
con le tasche
del cuore piene di speranza
Mai presepe mi parve più accogliente
di quel piccolo angolo del reparto

maternità.
Poi, la tua nascita come epifania
ed eri tutto un sorriso
commozione unica
brivido d'Amore
Ma la vita di chi lavora oggi
è vita pesante
e gravida di lontananza.
Potrà la Fede custodire
il senso filiale di chi ama senza chiedere
nulla
senza tendere troppo quel filo di amore
che lega una madre al figlio

Roma è colei che co' 'na stretta de
mano calorosa te strizza l'occhio e piena
de pietà raccapezza ogni cosa...

Amicizia

Tra noi, mai sussiste
l'idea del distacco
Amica mia…

Perché l'Amicizia ha il
colore della
semplicità
e rifiuta le complicate
cose…

Un tacito contratto
con l'unica clausola:
"tra noi c'è pace"
l'ho scritto, lo penso
e lo ripeto.
Così, per mano
ricerchiamo il silenzio
che dissolva sul
nascere
i bruschi toni e le
dissonanze

trasformi in luce.

L'Amicizia resiste ed
esiste
Cinguettando le
nostre parole
Rendono i nostri
pensieri leggeri
trasmessi per
telefono
come timbri volanti
imprimono negli occhi
i suoni
della concordia e
ridendo sfumano
smussando gli angoli
acuti della vita.

La vita non ha stagioni ma
ripensamenti...

Brevità
Tutto è troppo breve

La brevità è modernità richiesta

La brevità è una pillola di pura economia

La Pace è breve

Il giorno sembra breve

La notte e gli amori sono brevi

I momenti più lieti sono timbri della
mente tra i più brevi

E così anche questa poesia, in sintonia
con il titolo, è breve

Solo la memoria vive sui periodi di
pensieri infiniti

E intrecciati fra di loro in miliardi di
combinazioni.

Pochi attimi

A chi appartiene il silenzio?

Vicino alla morte non si può sostare a lungo...

Lei ti scuote.Centrifuga dell'essere

Ti spazzola i pensieri.Ti adombra

Ti piega. Confonde gli angoli che sovrappone alle curve...La morte ha sembianze riconoscibili ma simili al mistero della vita che ridisegna a modo suo.

Inquieta il mondo che ne è pervaso. Direi invaso

Ha il colore del fuoco pur non bruciando

Sconvolge il tempo e lo congela

Vita mia, sii forte e dissolvi l'antica ombra nera.

- **Inno al Sacerdote**
-
- Come farò a festeggiarti proprio io,
  oh Signore!
- Io che il prete l'ho distante e lo cerco da sempre.
- **Io prego per il mio Sacerdote**.
- Avevo un prete così caro al mio cuore,
  io crescevo e lui così caro al mio cuore
  mi sollevava con viva voce,
- **Io voglio bene al mio Sacerdote.**
- Dietro l'angolo della vita
  avevo un prete che mi aspettava sempre
- **Ed io correvo dal mio Sacerdote**
  come verso un fratello maggiore.
  La vita a volte grazie ad un prete

tramuta gli angoli bui in vie
luminose

- **Ed io ascoltavo quel mio
  Sacerdote.**
- Chi di voi non ha niente da fare
  non conosce un tesoro di pastore
- **Ed io prego per il mio
  Sacerdote**
- Lui mi riempie di doni
  ed io penso il bene per il mio
  Sacerdote.
- Non ha occhi per me ma per Te
  solo
  ma io vedo i Suoi che parlano al
  mio cuore
- **Ed io sogno per il mio
  Sacerdote.**
- Notte buia mi aspetta se la Sua
  voce tace
- **Io imploro il mio Sacerdote
  clemente.**

- Il giorno è sicuro e lontana è la sera
- Se accanto sento il mio Sacerdote
- Bambino o ragazzo che esci di casa di notte
per vedere il tuo Sacerdote, mantieni il lenzuolo per fargliene dono e pensa a me
che canto per tutti i miei Sacerdoti.
- Perché essi non si sentano mai soli,
io ricamerò fiori di viole e di rose per dedicarTi pensieri odorosi,
- **tutti per Te, mio Sacerdote.**
- Vorrei essere un cantore di lodi per calamitare tutte le voci del mondo
- **Ed io ascolto il mio Sacerdote.**
- Laggiù, un lento scorrere di acqua ti porta via

- **Ed io asciugo le lacrime al mio Sacerdote.**
- Un canto come quello dell'Aurora
  che si fa usignolo
  arpeggerò per Te ogni mattino
- **Ed io vivo nel il mio Sacerdote.**
- Piccoli smarriti, soli in casa,
  in gabbie sonore assordanti:
  guardate a Nord, poi ad Est, a
  Sud, ad Ovest
  dovunque là,
  c'è il nostro Sacerdote.
  Chi è solo ascolti la Voce
  la cerchi con cura, la insegua
  **Io lodo la Voce del mio
  Sacerdote**
- Tu che povero parti da casa,
  quaggiù
  la ricchezza la trovi, con
  prudenza, nella Cappellania
  del Tuo Sacerdote che ti circonda
  di canti e d'Amore

- **Io seguo il mio Sacerdote.**
- Lascia il tuo lettuccio, barbone,
  non temere, lassù qualcuno ti
  aspetta e ti guida
- **Incoraggia il Tuo Sacerdote.**
- Tu sconsolato e ferito, calma il tuo
  affanno
  e ascolta la voce soave
- **E lasciati cullare dal Tuo
  Sacerdote.**
- Tu che parli ogni lingua del mondo
  – taci -
  tendi l'orecchio – ascolta -
  la Sua, del mio Sacerdote, è
  lingua del Cielo,
  è sapore di Amore dal gusto di
  Gioia.
  23 ottobre 1997
- *(E' una preghiera silenziosa al
  Padre)*
- *da "E se fosse: profumo di
  sostanza?" luglio 2000*

Canto mariano alla Madonna di primavera

VERGINE COSMICA del Terzo Millennio

(parole e musica di M. Gabriella Conti)

A TE, SOLLEVO LO SGUARDO
o Santa Madre mia
Tutta chiara e splendente
Tu m'aspetti sempre
Ed io Ti vedo in fiore
bocciolo mio di rosa
Serena, Luminosa, mia Celeste Sposa
Gioiello più prezioso del mio piccolo cuor
Bella e Volitiva, o Madre Nostra, Dolce
Maria...
Sogno più bello di Luce Eterna
Madre del Futuro di ogni Speranza
Tu, Vergine Cosmica
Primavera del terzo Millennio...
Primavera del terzo Millennio...

...(...)...

Dal cd musicale "Luce di Ametista"

Il Bacio

Ti scrivo, amico mio...
Allorquando secoli fa in settembre:

la lontananza del tempo che fu mi
sconvolge il cuore.

Ti penso assorto a non pensare a me

E le mie labbra ispirate dal ricordo,

sospinte dal vento dell'amore in erba

e della nostalgia

si fanno tenere e tremanti

Rivivendo quell'unico bacio

Scambiato da giovani adulti bambini

Due bionde testoline

Alle prime svolte emotive della vita

In quell'ascensore della scala A

Che sobbalzò nel momento dell'incontro

Come i nostri cuori e il volo con
subitanea caduta

Che entrambi avvertimmo

e che presero il volo dei ricordi
romantici

custoditi in quella tesoreria

fatta di coccole e di turbamenti

come bambagia per le anime inesperte

che a riaprirla all'occorrenza

Ti ammorbidisce la vita!

Pensami e dimmi se fu solo un bacio
sulla guancia

Oppure sulle labbra...

Fu tale la vibrante sensazione

da offuscarmi di quel primo bacio
l'intera situazione. Tantè che per
rammentarlo ho dovuto scriverne

Appari color dell'oro o uva matura
e più lontana sei, al salir del giorno
mia celeste luna

Un cuore in attesa è un cuore che cerca
la luce

La vita si illumina ...amandola...

Siamo artisti e la vita ce la ricamiamo
con le nostre mani

E' tutta qui l'essenza della nostra
libertà, ma dipende se sappiamo avere
Fede, coraggio, umiltà e lealtà

Chiesi al mondo d'insegnarmi a parlare,
mi rispose con un terremoto
(l'incomprensione)

Oltre lo sguardo esiste un nuovo mondo
che non
è dietro l'angolo ma in decine di pagine
da riempire...La via della Poesia

Fragile come un poeta
Debole come il cuore di un vecchio
Saggio come il pensiero di una madre
Tremendo come un cuore a lutto
Tenera come la carezza di un nonno
Silenzioso come un libro non letto...

L'uomo è un essere libero non un
oggetto di possesso e nessuno può
detenerne la proprietà ed infierire sui
singoli progetti di vita

L'Amicizia trampolino dell'esperienza

L'Amicizia un'esistenza mai da soli

L'Amicizia Incipit dell'empatia

L'Amicizia **il silenzio** dell'indifferenza

L'Amicizia **il suono** della fedele
complicità

L'Amicizia **il colore** per ogni stagione

Papa Francesco col suo gesto gentile ed affettuoso nell'augurarci il Suo "Buongiorno, o Buonasera, mi rende lieta e mi fa venire in mente una mia rubrica online che avevo intitolato proprio "Buongiorno e Buonasera..." pensando ai diversi orari delle persone che frequentano il web.

Ecco alcune frasi pronunciate da Papa Francesco:

"Gesù è paziente non chiude mai la porta"

"Il modo con cui si manifesta l'Amore di Dio viene indicata Misericordia"...

"Guarda la stella e invoca Maria"

Il mio gatto Piron

Bibliografia dell'Autrice:

- "E se fosse: profumo di sostanza?" luglio 2000
  "L'Isola della pazienza" marzo 2005
  "L'Albero delle giuggiole 3" ottobre 2007
  "Signora Carciofi e Spinaci"
  "Scampoli di luce" – "Il maestro e l'allieva"-
  "Libro mai scritto" – "Natale con Maria" – "La
  strada dei diamanti" – "Sconosciuta senza S- "
  – "Diamanti 4Y" – "cd Luce di Ametista" "Le
  poesie di Minoi" ed altre collane editoriali.

Finito di stampare aprile 2013

www.ingramcontent.com/pod-product-compliance
Lightning Source LLC
Chambersburg PA
CBHW070835310526
45788CB00017B/1188